CONVIÉRTETE EN UN LÍDER CONDESCENDIENTE

Los secretos del estilo de gestión del futuro

Por Karima Chibane

Traducido por Laura Soler Pinson

Coaching en50MINUTOS.es

EL LÍDER CONDESCENDIENTE

- **¿Problemática?** En un entorno de continuo cambio, ¿cómo dirigir equipos intergeneracionales en un ambiente sano?
- **¿Utilidad?** El liderazgo condescendiente aboga por un mayor bienestar en el trabajo y permite desarrollar sinergias gracias a la inteligencia colectiva, mejorar el rendimiento y la creatividad y prevenir riesgos psicosociales.
- **¿Contexto profesional?** Dirección o liderazgo de equipo, recursos humanos, gestión de las competencias, relaciones profesionales, etc.
- **¿Preguntas frecuentes?**
  - ¿Qué responder a los que piensan que tener una actitud condescendiente significa ser ingenuo?
  - ¿Por qué elegir el modo de liderazgo condescendiente orientado hacia la congruencia?
  - ¿Cuáles son los tres indicadores clave de una práctica de liderazgo condescendiente y congruente?
  - ¿Cuál es la diferencia con el liderazgo ético, el slow management o el mánager coach?
  - La condescendencia, ¿una clave para la «felicidad» en el mundo profesional?
  - ¿Cómo convertirse en un jefe condescendiente y congruente?
  - ¿Todos los jefes pueden ser líderes condescendientes y congruentes?
  - ¿Qué dicen los descubrimientos más recientes sobre este tipo de liderazgo?

«Toda verdad atraviesa tres frases: primero, es ridiculizada; segundo, recibe violenta oposición; tercero, es aceptada como algo evidente» (Arthur Schopenhauer).

Vemos con bastante frecuencia cómo nacen nuevas formas de gestionar equipos. De estas, la tendencia del liderazgo condescendiente parece más importante. Esta corriente, nacida en Estados Unidos, como la mayoría de los estilos de gestión, lleva implantada unos años en Francia. Si buscamos la definición de la palabra «condescendiente», la encontramos como «referido a una persona, que se acomoda o se adapta al gusto y a la voluntad de otra» (diccionario Clave) o como «que se muestra tolerante con los deseos o gustos de los demás»[1] (diccionario Larousse). Las distintas definiciones pueden resumirse en: buscar lo positivo en el otro o en una situación. Por eso, el jefe debe aprender a gestionar la relación con el otro de una manera positiva para producir una acción colectiva eficaz que propicie un incremento del rendimiento.

Sin embargo, algunos jefes priorizan todavía con demasiada frecuencia el resultado por encima de todo, y se olvidan de las relaciones humanas y de la importancia de su equilibrio. No obstante, las relaciones interprofesionales ya no deberían gestionarse con cuadros de mando: este enfoque ya ha mostrado sus limitaciones, y el número creciente de *burn out* hoy en día es un síntoma claro de esto.

En la actualidad, tanto en la literatura sobre gestión como en los cursos de las escuelas de gestión, en las universidades

---

1. Cita traducida por 50Minutos.es

y en las intervenciones de las empresas consultoras o de *coaching* nos encontramos un reajuste de las teorías sobre gestión, que anteponen las relaciones humanas a la tarea que debe efectuarse.

La famosa Academy of Management (AOM), la representación académica más importante en el ámbito de las ciencias de gestión, puso de relieve en su congreso anual de 2010 la tendencia en la gestión del «*Dare to care*», es decir, atreverse a mostrarse condescendiente. Dos años más tarde, la revista científica *Academy of Management Review* (AMR), publicada por la AOM y una de las más prestigiosas de su ámbito, continuó con esta temática presentando un informe acerca del liderazgo condescendiente y con artículos frecuentes sobre el desarrollo de esta postura en la gestión.

Este auge sustancial de la cuestión de la condescendencia y de la congruencia se convierte en un tema central. A su lado se articulan las ideas que tienen que ver con el liderazgo ético, la inteligencia emocional y relacional, la integridad, la inteligencia colectiva, la agilidad e, incluso, el *slow management*. Para algunos, el liderazgo condescendiente orientado hacia la congruencia es la característica de los grandes líderes: aquellos que tienen una personalidad definida, que confían en ellos mismos y que, a la vez, tienen una mente abierta.

EL ABECÉ DEL LÍDER CONDESCENDIENTE

LOS LÍDERES DE AYER Y DE HOY

¿Qué es un líder?

Los distintos autores que escriben acerca de gestión están relativamente de acuerdo en cuanto a la definición de mánager. Su principal característica está en su deber, es decir, dirigir y coordinar a un grupo de individuos que están bajo su responsabilidad. Así, un dirigente de una empresa también es un mánager.

> ***NOTA BENE***
>
> En esta obra, hemos decidido conscientemente no establecer diferencias entre los mánager y dirigentes. El liderazgo condescendiente puede ser una postura común, puesto que ambos tienen como objetivo crear inteligencia colectiva a través de sinergias.

El mánager del futuro

La función de las teorías de gestión es la de desentrañar cómo se articulan las organizaciones. Los primeros trabajos son relativamente recientes, ya que se publican a principios del siglo XX y se orientan hacia la mejora del rendimiento en las empresas.

Hasta la década de los setenta, las organizaciones se estructuraban siguiendo un modelo burocrático: una línea jerárquica imponente, un control notable y poca delegación. En este contexto, los noventa se convierten en un período de transición: el estatus y el nivel jerárquico ya no son suficientes, y la gestión se inclina hacia la noción de resultados y de medios para alcanzar dichos resultados. Los mánager deben cambiar; tienen que desarrollar una legitimidad de tipo relacional, y la capacidad para movilizar equipos se antepone al dominio de la técnica del trabajo. De ahora en adelante, tienen que desarrollar capacidades comunicativas importantes, son arrojados al corazón de las relaciones y de los desafíos humanos y lo hacen, en su mayor parte, sin preparación alguna. La globalización de los mercados o los cambios en el entorno, cada vez más rápidos, son puntos por los que ya han pasado las nuevas organizaciones en red u orientadas a proyectos.

Este cambio de modelo lleva a los mánager a activar otros recursos. Así, deben seguir un entrenamiento para relacionarse, basado especialmente en un desarrollo de la empatía y un conocimiento de la inteligencia emocional. Es el paso de mánager a líder. Es el fin del *hard power*, campo de acción del mánager más agresivo, de la organización muy jerarquizada y extremadamente centralizada. Aunque se adaptaba al contexto de producción en masa, en nuestra sociedad postindustrial, donde se valora la movilización de la inteligencia y donde la implicación ha sustituido a la obediencia, los trabajadores son individuos libres y poco leales hacia las empresas. La llamada generación «Y» representa de forma clara este movimiento, que es estructural y que se va acentuando con la generación Z.

<u>**Un breve recordatorio sobre las generaciones**</u>

- **La generación X** está conformada por las personas nacidas entre 1960 y 1980. Les ha costado encontrar trabajos estables y bien remunerados, y tienden a aferrarse a su puesto y a ir ascendiendo con el tiempo. Esta generación da prioridad al equilibrio entre vida privada y vida profesional. Para estas personas, la información es bastante lenta y está filtrada. Les supone un gran esfuerzo entender a la generación Y, y viceversa.
- **La generación Y** está conformada por las personas nacidas entre 1980 y 1995. Ha crecido con la televisión, con el desarrollo de internet y con los videojuegos. Para estos *digital natives*, la autoridad no siempre es sinónimo de competencia. Lo pone todo en entredicho, incluidos los modos de gestión existentes, para desgracia de la generación X. Para la Y, la eficacia prima sobre la antigüedad y quiere que la escuchen. No sitúa el trabajo en el primer puesto de prioridades: busca una mejor calidad de vida, piensa a corto plazo y es móvil. Quiere una progresión rápida, horarios flexibles, libertad y autonomía.
- **La generación Z** está conformada por las personas nacidas a partir de 1995. También es llamada «generación C» por Comunicación, Colaboración y Conexión. Esta generación ha crecido con las

redes sociales y está siempre conectada. Al contrario que las demás generaciones, no conoce la vida sin las nuevas tecnologías. Para esta generación, la congruencia es todavía más importante, puesto que probablemente dentro de poco ya no habrá límites entre una vida personal y una vida profesional que tienden a mezclarse.

Por lo tanto, un líder que haya desarrollado su inteligencia relacional y que adopte una postura de gestión condescendiente y congruente representa al mánager del futuro.

¿QUÉ ES LA GESTIÓN CONDESCENDIENTE Y CONGRUENTE?

PALABRAS CLAVE

- **Seguridad ontológica**: es el hecho de tener confianza en nosotros mismos. Este sentimiento de seguridad sirve como base sólida para mantenernos centrados. Permite actuar con respeto hacia nosotros mismos y hacia el otro, en vez de reaccionar apoyándonos en los mecanismos de defensa. Nos abre a la asertividad. En resumen, para un mánager, se trata de sentirse a gusto, en su función y en la complejidad de su entorno; esto nos empuja a la congruencia.
- **Congruencia**: alineación, coherencia perfecta entre pensamiento, palabra y acción. Para un mánager, esto se resume en: «Hacer lo que se dice

y decir lo que se hace». Esta armonía interior lleva
a la empatía.

- **Empatía**: posibilidad de que el mánager sienta
lo que puede estar pasando un empleado que
atraviesa dificultades o que tiene un conflicto.
La empatía no es la simpatía, que consuela y lo
adorna con lo emocional; al contrario, es neutra y
se mantiene a distancia. Es la capacidad para ponerse en la piel del otro, para sentir lo que siente y
comprenderle mejor, y no para caer bien.
- **Sentido**: hoy en día, es importante la búsqueda de
sentido, y esto lo transmite con intensidad sobre
todo la generación Y. Es fundamental darles un
sentido a los equipos que gestionamos, como
indican todos los estudios.
- **Agilidad**: búsqueda de una mejora constante del
desarrollo originado por la inteligencia colectiva
de los equipos que la aplican. El mánager debe dar
valor a esta inteligencia colectiva, instaurar una
confianza mutua para que prospere, movilizarla y
coordinarla.

La gestión condescendiente y congruente consiste en encontrar al fin la esencia del cargo de mánager y una coherencia
entre los valores personales y la eficacia económica. Este
modelo es un modo de gestión de equipos que se basa en la
educación y puede desglosarse en 12 puntos.

1. **Saber escuchar**. La escucha activa permite identificar
los desajustes entre lo verbal y lo no verbal. Hoy en día,

sabemos que, en comunicación, lo verbal solo representa entre un 20 % y un 30 % del mensaje. Es fundamental descifrar el lenguaje corporal a través de la voz, los gestos o las expresiones de la cara, puesto que precisamente proporciona el aspecto esencial de la información.

2. **Darle sentido al trabajo de cada colaborador**. Se trata de compartir con todos una visión global, definir claramente los objetivos, animar y valorar el trabajo de cada uno. Es importante dar *feedback* frecuentes para rectificar si es necesario. Por supuesto, esto implica la necesidad de afrontar también las dificultades y de hablar sobre ellas, desde una perspectiva en la que se busca una solución común.

3. **Velar por el bienestar de los individuos** a través de la implementación de una política voluntaria y concreta, implicando a los empleados en la elección de sus herramientas o de su entorno de trabajo. Se trata de velar también por el equilibrio de la vida profesional y personal, gracias al teletrabajo o a la flexibilidad de horarios, por ejemplo.

4. **Desarrollar una mejor convivencia** a través de relaciones de mejor calidad. Para ello, el mánager puede, por ejemplo, formarse en inteligencia emocional para mejorar sus capacidades relacionales. En efecto, la relación es un tema central en las tareas de gestión tal y como se concibe hoy en día.

5. **Valorar la expresión y reconocer el derecho al error**, sobre todo durante las fases de aprendizaje. Cuando el mánager reconoce sus propios errores ante sus empleados, les está dando la autorización a que hagan lo mismo. Así, instaura la posibilidad de aprender de sus errores y,

por consiguiente, de atreverse a implementar maneras de proceder innovadoras. En este sentido, el concepto de los FailCon, desarrollado en Estados Unidos, resulta muy inspirador.

6. **Pensar en el equipo lo primero y privilegiar la cooperación**. El mánager debe intentar no ponerse en primer plano sistemáticamente. Debe mostrarse humilde y considerar al otro como un elemento importante para el buen funcionamiento de la empresa. Esto implica presentar empatía e instaurar un clima de confianza en sus relaciones interpersonales, alimentar este ambiente y dejar que se expanda para que cada uno sienta que contribuye en el equipo. Privilegiar la cooperación también significa practicar un modo colaborativo de búsqueda de soluciones. Sin embargo, esto no quiere decir que el mánager acepte un consenso mudo o que dé muestras de laxismo.

7. **Esforzarse por mantenerse positivo,** puesto que el humor y la actitud del mánager influyen enormemente en sus empleados. Hay que darse cuenta de que esta postura positiva es contagiosa para todo el equipo por ósmosis.

8. **Instaurar el respeto a través del ejemplo.** Este es sin duda uno de los puntos más difíciles para un mánager. En efecto, esto exige rigor y práctica diaria. El mánager nunca debe olvidar que todos sus gestos, sus actos, sus actitudes o sus palabras se observan, se analizan y a menudo se reproducen por imitación. Por eso, debe convertirse en una especie de asceta, puesto que su honestidad, su ética, su imparcialidad y su sentido de la justicia tienen que ser ejemplares para ganarse el respeto de los empleados.

9. **«Sudar la camisa».** El mánager debe aprender a asumir riesgos personales para proteger a sus empleados, al igual que tiene que tener la valentía de sancionar cuando sea necesario. Gracias a esta actitud, adquiere legitimidad y permite que los empleados se sientan seguros.

10. **Saber gestionar la soledad del poder.** La persona que se convierte en mánager también se transforma en el más responsable de los empleados; obviamente, este hecho lo aísla. El peligro reside en que piense que ha llegado él solo hasta ahí. Por extensión, puede creer que únicamente se puede ascender en soledad. Otro riesgo es que desarrolle el síndrome del impostor.

CUIDADO CON EL SÍNDROME DEL IMPOSTOR

Se trata de la reflexión interna que desarrolla el mánager que accede a un nuevo puesto o que añade una nueva responsabilidad a su función. Es muy frecuente que se plantee si le queda demasiado grande el trabajo. Entonces, se ve como un impostor y vive con miedo a ser descubierto. Este complejo afecta a un 70 % de las personas con un potencial elevado. Puede resultar de valiosa ayuda llevar a cabo un trabajo de desarrollo personal con el que nos conoceremos mejor y con el que veremos claramente cuáles son nuestras luces y nuestras sombras.

11. **Practicar la autenticidad, la congruencia.** Se trata de poner en el mismo eje sentimientos, convicciones y comportamientos. Esta actitud crea confianza y estabilidad en los equipos, puesto que el mánager brinda así una señal de fiabilidad.

12. **Desarrollar el humor.** Seamos claros: la naturaleza no es justa en este aspecto. Sin embargo, el humor es importante, puesto que consolida al grupo y ayuda a resolver tensiones: ¡afortunados son los mánager que lo tienen desarrollado! Aun con todo, no hay que precipitarse pensando que no tenemos ningún sentido del humor: se trata de una manera de ver las cosas, que puede tomar muchas formas y que puede aparecer según va evolucionando la personalidad.

PROCESS COMMUNICATION

En 1980, el psiquiatra estadounidense Taibi Kahler (nacido en 1943) creó el modelo de comunicación *Process Communication* (o PCM), cuyo objetivo es facilitar los intercambios entre los individuos. Se trata de una clasificación por categorías de las distintas personalidades. Conocerlas permite simplificar y adaptar la comunicación a cada personalidad. Para el PCM, que hoy en día goza de un gran éxito, el liderazgo condescendiente es uno de los cuatro estilos de gestión, junto con el autocrático, el liberal y el democrático. El liderazgo condescendiente se define por el hecho de que se preocupa más por la persona que por la tarea. Fortalece los vínculos en un equipo y anima a que se interactúe y a que se trabaje en un espíritu de cooperación.

¿QUÉ IMPLICA?

¿Qué implica la condescendencia como línea de conducta de gestión? No podemos negar que esta postura requiere que seamos exigentes con nosotros mismos, puesto que necesita un análisis claro de su propio funcionamiento y de su modo relacional. Gracias a un enfoque más humano, cargado de sentido, la condescendencia nos lleva hacia la congruencia.

Un enfoque más humano

Son cada vez más los mánager que se dan cuenta de que un enfoque más humano produce mejores resultados. En efecto, esta perspectiva les permite movilizar mejor a sus equipos y optimizar sus recursos.

Se trata ante todo de encontrar el aspecto valioso del colaborador, en vez de señalar sus carencias; en resumen, se trata de cambiar el punto de vista. No es difícil imaginar que los empleados trabajan mejor en un contexto en el que se sienten valorados.

EL EFECTO PIGMALIÓN

Cuando el empleado recibe la opinión favorable y la confianza de su mánager, él mismo encuentra la motivación para progresar y avanzar. En resumen, si consideras que tienes unos empleados excelentes, tendrán muchas papeletas para serlo: es lo que llamamos el efecto Pigmalión. Es importante que tengas esta actitud condescendiente con *todos* tus empleados, y no solo con aquellos con los que te llevas bien.

El lugar principal del sentido

Hoy en día, la gestión está revestida de complejidad: es indispensable alejarse de las herramientas mecánicas y de las causalidades lineales para resolver los desafíos del día a día. ¡Se acabó centrarse en el problema con el objetivo de descubrir los motivos y, por lo tanto, un culpable al que amonestar! La causalidad ha dejado su sitio a la complejidad, donde se entremezclan varios parámetros que se influyen de forma recíproca, lo que genera incertidumbre. Se pide constantemente a los mánager que transformen esta angustia en confianza: se convierten en elementos cargados de sentido. Frente al cambio continuo, los equipos necesitan obtener una respuesta a «por qué». Frente a las contradicciones y a las incertidumbres, estos equipos se dirigen de manera natural hacia el mánager para encontrar coherencia.

El objetivo: la congruencia

Recordemos que la congruencia, o el «*walk the talk*» (predicar con el ejemplo) como dicen los estadounidenses, es un concepto que proviene de la programación neurolingüística (PNL) y que se inspira de los trabajos del psicólogo estadounidense Carl Rogers (1902-1987). Se manifiesta cuando se alinean lo que soy, lo que pienso, mis valores, lo que siento, lo que digo y lo que hago. Se identifica con una adecuación entre las señales verbales y las no verbales. De esta alineación nacen la autenticidad y el estado de una persona definida como «centrada».

La congruencia se trabaja sobre la base de la confianza en uno mismo, con una transformación interior auténtica que genera una soltura asombrosa. Para Carl Rogers, se trata de la armonía entre la conciencia de nuestras necesidades y de nuestros deseos y su expresión. Crea un estado de ánimo sano, propicio para la autorrealización, que incita al interlocutor a desarticular sus mecanismos de defensa para restablecer su propia congruencia.

¿ERES CONGRUENTE?

Para saber si eres congruente, basta con plantearte las siguientes preguntas en la situación que estés viviendo:

- Si hago o digo esto, ¿soy yo?
- Cuando hago o digo esto, ¿me siento bien física y psíquicamente?

No olvides llevar a cabo este ejercicio con frecuencia y confía en lo que sientes.

Al final, los trabajadores juzgan a sus mánager por sus comportamientos y por la coherencia que guardan con sus palabras.

UNA FORMA DE LIDERAZGO EN PLENO AUGE

Cada vez más empresas lo adoptan

El 13 de noviembre de 2009, la revista *Psychologies* organiza el «Día de la amabilidad» y hace una «llamada a que haya más condescendencia en el trabajo». En la actualidad, más de trescientas empresas, grandes y pequeñas, se han unido a este movimiento. Están comprometidas con el desarrollo de acciones concretas articuladas en torno a tres ejes:

- dar sentido al trabajo de cada empleado;
- desarrollar la calidad de una mejor convivencia y de las relaciones;
- velar por el bienestar de los individuos.

Podemos citar por ejemplo:

- Google Europe, para quien la postura adoptada en relación con la gestión y el ambiente de trabajo enfocados hacia el bienestar son la definición misma de la condescendencia;
- el despacho de auditorías y de asesoramiento KPMG, que ha implementado una guía con las siete buenas prácticas

de equilibrio entre vida privada y vida profesional y con los diez comportamientos de un mánager que favorecen las relaciones basadas en el respeto;

- el grupo Casino, que establece la condescendencia en la base de su enfoque RR. HH., supervisar sin estresar. Así, hay un especialista del estrés que se encarga de formar a los mánager en tres puntos principales: darle sentido al trabajo, fijar objetivos teniendo en cuenta las posibilidades de las personas y desarrollar el reconocimiento.

El círculo virtuoso visto por las empresas

En resumen, el liderazgo condescendiente y congruente libera energías y talentos. Se presenta a la vez como respuesta al estrés actual y como un modo de gestión adaptado a todas las generaciones.

Un modo de gestión adaptado a los equipos intergeneracionales

El liderazgo condescendiente y congruente responde a la perfección al quebradero de cabeza actual de los mánager, que se quejan del desfase entre generaciones y de la dificultad para federar a equipos mixtos, cada vez más numerosos.

Para empezar, aporta una solución a la necesidad de reconocimiento y de una buena calidad relacional (confianza, buen ambiente, autenticidad, etc.) de la generación Y. También se hace eco de su búsqueda de sentido, ya sea de su necesidad para entender el por qué de las decisiones y de las orientaciones o de su exigencia de autorrealización en el trabajo. Al contrario de lo que ocurre con la generación X, que ha tenido que demostrar su competencia, la Y quiere que el mánager confíe en ella desde el principio —estableciendo un periodo de prueba, en caso de que sea necesario. Buscan constantemente información, y en esto el papel de sus mayores, los X, puede ser importante, sobre todo en la transmisión de las habilidades del oficio (por ejemplo, a través de la figura del mentor). Cuando el mánager centra su gestión en el sentido, en el reconocimiento y en las relaciones más distendidas —puntos a los que, obviamente, tampoco se oponen los X—, está permitiendo que cada generación encuentre su sitio en el grupo.

Por su parte, los Z, que desde hace poco están integrando un mercado laboral que consideran una jungla, saben que tendrán varias profesiones y que la mayoría de las profesiones del futuro todavía no existen. Por ende, la empresa se convierte para ellos en una alumna y la mezcla de generaciones, en una auténtica ocasión para compartir conocimientos. El mánager condescendiente y realizado tiene esta apertura y esta flexibilidad. Es capaz de gestionar los distintos modelos, puesto que sabe destapar el potencial y permite que fructifiquen las sinergias.

Un buen método para incluir inmediatamente a nuevos empleados Y o Z consiste en pedirles ya desde las primeras semanas un «informe de impresiones» confidencial. En él, se incluirán entre seis y ocho puntos que más les hayan sorprendido y sus propuestas para mejorarlos. El mánager podrá evaluar a continuación cuáles tomar en cuenta.

Las primeras formaciones

- El Instituto de Administración de Empresas (IAE) de la Universidad Jean Monnet Saint-Étienne, en Francia, propone dentro de la formación de máster II en Gestión del Comercio y de la Distribución un módulo sobre el liderazgo condescendiente centrado en la gestión del estrés.
- Desde 2013, en el Hospital Universitario (CHU por sus siglas en francés) de Ruan, en Francia, se ofrece una formación de liderazgo condescendiente a los directivos del centro basándose en dos valores básicos: el derecho al error y la escucha. Además, sitúa lo humano en el centro de la gestión.
- Desde 2012, la escuela de gestión de Grenoble, en Francia,

incluye dentro de su doctorado en Administración de Empresas (DBA, por sus siglas en inglés) el liderazgo condescendiente en la lista de temas para efectuar una tesis.

Existen en paralelo una gran cantidad de asesorías, espacios de formación o de *coaching* tanto en Francia como en Bélgica y Suiza, por ejemplo, que proponen actualmente formaciones de liderazgo condescendiente para responder a la creciente demanda de las empresas.

CONCLUSIÓN

Es el turno de la gestión «orgánica» de las empresas: menos jerarquía y *reporting* y más actitudes operacionales, con líneas de gestión simples. Los diferentes enfoques actuales formulan, cada uno a su manera, esta diversidad de la gestión centrada en la relación, puesto que ante todo son seres humanos quienes la llevan a cabo para sus semejantes.

La particularidad de la gestión condescendiente y congruente reside en que genera una relación verdadera, más exigente que la opacidad de una organización o que un atrincheramiento detrás de sus reservas. El mánager condescendiente y congruente es directo, abierto, positivo y se atreve a exigir a sus empleados cuando es necesario. También tiene una vocación de pedagogo cuando ayuda a su equipo a comprender los éxitos y los fracasos. Permite que afloren igualmente los talentos de sus empleados en una dinámica de progreso. Se preocupa por el bienestar de los demás, erigiéndose en lo que las nuevas generaciones califican como «digno de confianza», es decir, competente, condescendiente, íntegro y coherente.

Sí, volvemos a avisar: se trata de una forma de gestión exigente para el mánager en la que hace falta un trabajo continuo sobre sí mismo para adquirir un carácter firme. Al hilo de esta última idea, hay algo que es innegable: la primera herramienta que posee el mánager es su propia personalidad. Como todo arte, la regularidad del ejercicio es necesaria para que al final la técnica se diluya y deje sitio a una manera de actuar justa.

La gestión condescendiente tiene una particularidad: está aún en crecimiento. Esta fase de gran desarrollo deja todavía a los mánager aventureros la posibilidad de ampliar los territorios y, con la misma, servir de guía para sus homólogos. Al explorar lugares desconocidos dentro de ellos mismos, al arrojar luz sobre sus zonas oscuras, pueden acompañar a los demás en su superación.

Para acabar, tal y como indica la AOM, la gestión condescendiente, por su humanidad, cuestiona los métodos de gestión repartidos por todo el mundo, y al añadir la dimensión de la congruencia, la prepara más para las exigencias del futuro. No olvidemos que el universo laboral es, ante todo, un espacio de vida y una empresa colectiva.

LOS MEJORES CONSEJOS

- Sobre todo, no finjas interés por tus empleados: se darán cuenta inmediatamente. No olvides que entre el 60 % y el 70 % de nuestra comunicación es no verbal. Si no eres sincero, el tono de tu voz, tu postura y tu cara te traicionarán.
- No recuerdes cada dos por tres que eres un mánager condescendiente. No se trata de pregonarlo a los cuatro vientos, sino de encarnarlo a conciencia, siendo congruente. Esta postura se va adoptando y modelando progresivamente y, una vez que se adquiere, hablará por sí sola. Este tipo de mánager se detecta muy rápidamente.
- Cultiva tu bienestar, puesto que influye en tus empleados. Encuentra la manera de recargar energías y de reponer fuerzas (deporte, meditación de conciencia plena, desarrollo personal, canto, teatro...) y practícala a intervalos regulares. No desatiendas tu vida familiar y social; participan en tu equilibrio, y este último es esencial, puesto que el estado de tu equipo es una consecuencia del tuyo.

PEQUEÑO TRUCO FÁCIL

Minutos antes de irte de la oficina, escribe unas líneas con las tareas que has culminado durante el día. Saboréalos unos instantes y luego ya puedes marcharte. Este ritual evitará que te lleves el estrés a casa.

- Desarrolla tu inteligencia emocional escuchando tus propias sensaciones. Acoge cada emoción como si fuera una amiga, puesto que te trae el mensaje de una necesidad satisfecha o por satisfacer. Las emociones son un GPS interno cuyo objetivo es ayudarnos a responder a los cambios de nuestro entorno.

- En general, se contabilizan seis emociones primarias (alegría, tristeza, miedo, sorpresa, aversión e ira) y, según el psicólogo estadounidense Paul Ekman (nacido en 1934), pionero del estudio de las emociones y su correlación con las expresiones faciales, son universales. A un mánager le resulta útil saber qué puede originarlas y qué reacciones pueden ocasionar. Practica a menudo para adquirir el reflejo. Una vez que hayas asimilado la información, podrás detectar la emoción de tu interlocutor y comprender su comportamiento. Entonces, podrás adaptar tu comunicación en consecuencia.

Las emociones, sus detonantes y las reacciones que generan

Emoción	Detonante	Reacción
Ira	Injusticia u obstáculo	Ataque
Aversión	Elemento nocivo	Rechazo
Alegría	Éxito, optimismo, realización	Apertura
Miedo	Peligro	Huida
Sorpresa	Situación inesperada	Retirada
Tristeza	Pérdida	Retirada

PREGUNTAS FRECUENTES

¿QUÉ RESPONDER A LOS QUE PIENSAN QUE TENER UNA ACTITUD CONDESCENDIENTE SIGNIFICA SER INGENUO?

El mánager condescendiente no es una persona blanda, un soñador o un manipulador. Muestra respeto y humanidad en el día a día para facilitar el trabajo a sus empleados y alcanzar los objetivos. Sigue diciendo las cosas, pero intenta anunciarlas de una forma correcta. Es cierto que, a menudo, es mucho más fácil enfadarse, imponer nuestra voluntad por la fuerza o a través de amenazas, o huir de nuestras responsabilidades: precisamente por eso, actuar de una manera condescendiente es un ejercicio más exigente para el mánager que escoge esta vía.

¿POR QUÉ ELEGIR EL MODO DE LIDERAZGO CONDESCENDIENTE ORIENTADO HACIA LA CONGRUENCIA?

Por varias razones, todas ellas centradas en un mayor bienestar y, por consiguiente, en una presencia profesional más eficaz. En primer lugar, por parte del mánager, este modo de gestión permite a quien lo adopta actuar de manera coherente con sus valores, algo esencial para el equilibrio psíquico. En segundo lugar, en lo que respecta a los empleados, son más escuchados, están mejor considerados y trabajan en un entorno más sereno. El resultado es que son más eficaces, rinden más, enferman menos y son menos propensos al estrés.

¿CUÁLES SON LOS TRES INDICADORES CLAVE DE UNA PRÁCTICA DE LIDERAZGO CONDESCENDIENTE Y CONGRUENTE?

En primer lugar, se reconoce a un mánager condescendiente y congruente porque asume su personalidad con una buena confianza en sí mismo, que genera la confianza del otro. Esta base de confianza garantiza que, a continuación, su postura de gestión se abra a la condescendencia y a la congruencia. Para acabar, el rasgo diferente reside en el amor del mánager por su profesión, puesto que estas ganas de trabajar insuflan energía tanto al propio mánager como a su equipo.

¿CUÁL ES LA DIFERENCIA CON EL LIDERAZGO ÉTICO, EL *SLOW MANAGEMENT* O EL MÁNAGER *COACH*?

La gestión ética, ideada por el profesor holandés Muel Kaptein en 2003, predica la autenticidad, la fiabilidad, la calidad de la comunicación y la preocupación por el bienestar de los empleados.

El *slow management* fue creado en 2004 por la alemana Heike Bruch y por el indio Sumantra Ghoshal. En origen, se trataba de reducir la jerarquización y la organización de las peticiones que surgían de diversos actores de la empresa, con lo que se oponía al *fast management*. Con el tiempo, se ha extendido a la revalorización del individuo y a su bienestar en la empresa.

Por su parte, el mánager *coach* integra herramientas de *coaching* en su acción de gestión, como las diferentes formas de escuchar, la reformulación, la condescendencia, el cuestionamiento o el silencio.

Estas posturas de gestión coinciden en su esencia: la humanidad y el bienestar del empleado. El liderazgo condescendiente y congruente va un poco más allá añadiendo una opinión favorable sobre el empleado, una preocupación por el interés general y una coherencia que abre a la inteligencia colectiva a través de la inteligencia relacional.

LA CONDESCENDENCIA, ¿UNA CLAVE PARA LA «FELICIDAD» EN EL MUNDO PROFESIONAL?

El último estudio realizado para el instituto Great Place to Work, publicado el 13 de febrero de 2014, indica que tan solo un 30 % de los asalariados acude contento al trabajo.

Para el Instituto Nacional de Salud y de la Investigación Médica (INSERM, en Francia), el constante aumento del sufrimiento en el trabajo cuesta cada año entre un 2,6 % y un 3,8 % del PIB. Estos dos estudios abogan por la condescendencia como contribución a un mayor bienestar en el trabajo, un paso hacia la felicidad en el trabajo.

¿CÓMO CONVERTIRSE EN UN JEFE CONDESCENDIENTE Y CONGRUENTE?

El mánager condescendiente y congruente se encuentra en

el registro de lo humano. Por consiguiente, para convertirse en ese tipo de mánager, tienes que aprender a considerar cada relación y cada interacción como un aprendizaje más. Se trata de que tus empleados progresen mientras tú también lo haces. Una vez que has escapado del dilema dominador/dominado, podrás pedir opiniones sobre tu gestión, escuchar los *feedback* y servirte de ellos para afinar tu postura.

En cuanto aparezca una sensación de malestar tras una conversación con un colaborador o frente a una situación, plantéate la siguiente pregunta: ¿qué actitud habría sido más justa para mí y condescendiente para el otro? Así, poco a poco, empezarán a instalarse actos reflejos. No olvides que para cualquier aprendizaje nuevo debe crearse un nuevo camino neuronal; la repetición lo consolida, hasta que se convierte en un reflejo.

¿TODOS LOS JEFES PUEDEN SER LÍDERES CONDESCENDIENTES Y CONGRUENTES?

¿Todas las personalidades sienten propensión o apetencia a convertirse en mánager condescendientes y congruentes? Parece ser que no. En la herramienta de clasificación de las personalidades más utilizada a nivel mundial, el MBTI (Myers Briggs Type Indicator), de las cuatro preferencias de cada personalidad, solo una (intuición-sentimiento) considera la condescendencia como un factor de preferencia. Esto quiere decir que esta categoría de personalidad tendrá facilidad en este tipo de gestión, puesto que tiende de manera natural a la autenticidad o a la empatía.

Pero, obviamente, esto no significa que el reto sea imposible para las demás personalidades; más bien quiere decir que tendrán que aceptar que les costará más esfuerzo desarrollar su condescendencia.

¿QUÉ DICEN LOS DESCUBRIMIENTOS MÁS RECIENTES SOBRE ESTE TIPO DE LIDERAZGO?

Las últimas investigaciones en este contexto se concentran sobre todo en los conceptos de resonancia y neuronas espejo.

- El líder resonante: en todo grupo humano, quien está a la cabeza es quien posee el poder más grande de influencia emocional. Cuando este favorece un clima emocional positivo, permite la aparición de lo mejor de cada uno: es la resonancia. Los recientes estudios sobre el funcionamiento del cerebro han actualizado el impacto del humor y de los actos del mánager sobre las personas que dirige.
- Las neuronas espejo: el cerebro reacciona a los actos que uno hace, pero también a los que hacen los demás, lo que explica, por ejemplo, el fenómeno de contagio emocional. Gracias a nuestras neuronas, cuando el otro hace un gesto, se activan las mismas zonas en nuestro cerebro, como si fuéramos nosotros quienes realmente efectuamos la acción. La visión que tenemos de nuestra relación con el otro y con el mundo está totalmente re-

volucionada por este descubrimiento: basta con escuchar nuestras sensaciones, la emoción que la actitud del otro ha generado en nosotros para comprender sus intenciones, tal y como lo detalla el *neuromanagement*.

El mánager que practica la condescendencia y la congruencia es consciente del impacto de su humor o de su postura en su equipo. Sabe que debe mantenerse optimista y vigilar la coherencia de sus palabras, de sus gestos y de sus actos; mide el poder de la resonancia entre su estado y el de sus empleados. También cuida mucho su estado emocional en cualquier interacción, puesto que toda modificación lo informa acerca del estado emocional de su interlocutor gracias al efecto espejo.

¡AHORA ES TU TURNO!

LAS PREGUNTAS CORRECTAS

Representar a la autoridad dentro de un colectivo genera un poder simbólico. En efecto, el mánager materializa la proyección de las personas que se encuentran bajo su mando: por su estatus, le atribuyen poderes o aptitudes que, en realidad, no necesariamente tiene. Para no sucumbir ante esta ilusión y practicar una gestión condescendiente siendo congruente, hazte algunas preguntas. Responde honestamente, y esto te ayudará a definir tu postura gerencial.

- ¿Por qué soy mánager? ¿Qué sentido tiene mi misión profesional?
- ¿Me siento en mi sitio?
- ¿Esta función guarda relación con mis objetivos vitales?

Cuidado

A menudo, los mánager que no tienen formación generan involuntariamente estrés a sus empleados. Es el ejemplo clásico del *middle management* de nuestras empresas: estos mánager recién ascendidos, elegidos por sorpresa para puestos para los que no están preparados, pensaban haber ganado el premio gordo y ahora se encuentran entre la espada y la pared. En esa situación, hacen lo que pueden, pero a menudo se ven prisioneros del triángulo de Karpman (figura de análisis de las relaciones humanas), saltando sin parar del papel de víctima al de perseguidor y al de salvador, sin lograr acompañar correctamente a sus empleados. Sí, es necesario decirlo una y otra vez: gestionar es una profesión en la que no cabe la improvisación.

De la misma manera, todo mánager debe tener claras las nociones de poder, autoridad, jerarquía y legitimidad para no convertirse en un títere.

- Poder: ¿el poder sobre o con los demás?
- Autoridad: ¿la da un título o se adquiere a través del respeto?
- Jerarquía: ¿me encuentro cómodo con esta noción?
- Legitimidad: ¿quién la da?

OBSERVARSE Y CONOCERSE

Algunos mánager no se dan cuenta del impacto negativo que su comportamiento puede tener sobre sus empleados. No se hacen la más mínima idea de la imagen que pueden transmitir. Sin embargo, esta toma de conciencia es una etapa fundamental en todo cambio. Empieza por ser consciente de tu influencia y aprende a sacar lo mejor de ello basándote en tus puntos fuertes.

Para conocernos mejor, para saber cuáles son nuestros puntos fuertes y los elementos que podemos mejorar, existen dos caminos: el que consiste en dejarse acompañar y aquel en el que el progreso se lleva a cabo en solitario, con la ayuda de herramientas o de práctica.

- Para dejarse acompañar, existen métodos basados en la palabra, en el cuerpo o incluso en ambos.
- Para el trabajo en solitario, se trata de encontrar herramientas que te sirvan, como los test de personalidad, los ejercicios de meditación, las artes marciales, el yoga o la espiritualidad; todas las vías son eficaces. Tendrás que encontrar aquella que se adapta a lo que buscas. No olvides que conocerse mejor ayuda a conocer mejor al otro.

CONSOLIDAR LAS BASES

Por supuesto, no se trata de insertar una teoría de gestión para que prospere; es necesario que todos la acepten. Tiene que convertirse en una manera de funcionar y de comportarse, arraigada y preferentemente reforzada por la empresa. Experimenta y capitaliza lo que funciona en tu caso. Apóyate en tus puntos fuertes para probar en otros campos. Si la comunicación es tu fuerte, utilízala como medio para impulsar el resto: esto te ayudara a disminuir tu miedo a cometer errores. No olvides que de aquí en adelante mostrarás más indulgencia con los fallos, incluidos los tuyos.

RECUERDA

- Comprometerse con un proceso de cambio supone antes que nada aprender a desaprender.
- La gestión es un arte que se cultiva en el día a día. La condescendencia es un comportamiento exigente, puesto que se hace un esfuerzo por el otro.

Para acabar, observa a tu alrededor y te darás cuenta de que esta postura se va desarrollando. Este tipo de mánager siempre deja una huella imborrable en sus equipos, puesto que abonan el terreno allá por donde pasan.

¡Tu opinión nos interesa!
¡Deja un comentario en la página web de tu librería en línea,
y comparte tus favoritos en las redes sociales!

PARA IR MÁS ALLÁ

FUENTES BIBLIOGRÁFICAS

- Barabel, Michel y Olivier Meir. 2006. *Managéor*. París: Dunod.
- Bouvié, Alain. 2007. *Management et sciences cognitives*. Vendôme: PUF.
- Brunel, Valérie. 2014. *Les managers de l'âme*. París: La découverte.
- Chibane, Karima. 2015. *Le développement de l'intelligence émotionnelle des managers par le coaching*. Tesis DESU — Máster I "Pratiques du coaching". París: Universidad París 8.
- Cornette de Saint Cyr, Xavier. 2013. *Pratiquer la bienveillance*. Chêne-Bourg: Jouvence.
- Détrié, Philippe. 2015. *Manager au XXIe siècle*. París: Eyrolles.
- Ennesser, Jean-Louis. 2014. "Le Neuromanagement, application concrète des neurones miroirs". *Les Échos*. 23 de mayo. Consultado el 9 de noviembre de 2016. http://archives.lesechos.fr/archives/cercle/2014/05/23/cercle_97921.htm
- Girard, Anne. 2013. "Qu'est-ce qu'un management bienveillant?". *Seenago*. Consultado el 9 de noviembre de 2016. http://www.seenago.com/pdf/Questcequunmanagementbienveillant.pdf
- Goleman, Daniel, Richard Boyatzis y Annie Mc Kee. 2010. *L'intelligence émotionnelle au travail*. París: Pearson.
- Heinz, Matthias. 2015. "Signaling cooperation". *Social science research network*. 8 de noviembre. Consultado el

9 de noviembre de 2016. http://papers.ssrn.com /sol3/
papers.cfm?abstract_id=2696911

- Kotsou, Ilios. 2015. *Intelligence émotionnelle et management*. Lovaina la Nueva: De Boeck.
- Lenhardt, Vincent. 2012. *Les responsables porteurs de
sens*. Neuilly-sur-Seine: Julhiet.
- "Les salariés des grandes entreprises françaises
et le capital humain". 2014. Estudio Obéa
para el *Trophée du capital humain*.26 de junio.
Consultado el 9 de noviembre de 2016. http://
fr.slideshare.net/MichaelPageFrance/1542-mp-
frabrochurebookletweb-36340928
- Mantione, Florian. "Le management bienveillant:
sujet, verbe, compliment". *Florian Mantione Institut*.
Consultado el 9 de noviembre de 2016. http://www.
florianmantione. com/actualites/editos/247-le-manage-
ment-bienveillant-sujet-verbe-compliment
- "Pour un management par la bienveillance". *La Mutuelle
bleue*. Consultado el 9 de noviembre de 2016. http://
www.mutuellebleue.fr/actu-et-prevention/incollableu/
pour-un-management-par-la-bienveillance
- Schutz, Will. 2006. *L'élément humain*. París:
InterÉditions-Dunod.
- Séve, Marie-Madeleine. 2011. "Sept clés pour manager
avec bienveillance". *L'Express l'Entreprise*. 12 de noviembre. Consultado el 9 de noviembre de 2016. http://
lentreprise. lexpress.fr/rh-management/sept-cles-pour-
manager-avec-bienveillance_1518872.html
- Soudy, Eric. 2011. "Management bienveillant". *Eric
Soudy*. 22 de octubre. Consultado el 9 de noviembre
de 2016. https://sites.google.com/site/airhikzen/

management-equitable/managementbienveillant

- Steiler, Dominique, John Sadowsky y Loïck Roche. 2010. *Éloge du bien-être au travail.* Grenoble: Presses universitaires de Grenoble.
- Tanquerel, Sabrina. 2014. "Oser le management bienveillant". *Le Journal des grandes écoles et universités*, n.° 19. Noviembre. Consultado el 9 de noviembre de 2016. http://journaldesgrandesecoles.com/ oser-le-management-bienveillant%C2%A0/
- Tournant, Juliette. 2014. *La stratégie de la bienveillance ou l'intelligence de la coopération.* París: InterÉditions.
- Trehorel, Laure. 2015. "Se former au 'management bienveillant'". *Action Co.* 7 de octubre. Consultado el 9 de noviembre de 2016. http://www.actionco.fr/Thematique /management-1020/Breves/Developpement-formation- management-bienveillant-259903.htm#.VplqAvnhA4Y
- Vittori, Jean-Marc. 2015. "Quand les entreprises embaucheront des cœurs". *Les Échos.* 14 de enero. Consultado el 9 de noviembre de 2016. http:// www.lesechos.fr/idees-debats/editos-analy- ses/021620697193-quand-les-entreprises-embau- cheront-des-coeurs-1192532.php

FUENTES COMPLEMENTARIAS

- Bandler, Richar y John Grinder. 2015. *La structure de la magie. Le livre fondateur de la PNL.* París: InterÉditions.
- Boyatzis, Richard E. y Annie Mc Kee. 2005. *Resonant leadership. Renewing yourself and connecting with others through mindfulness, hope and compassion.* Boston: Harvard Business School Press.

- Odier, Geneviève y Alberto S. Segrera. 2012. *Carl Rogers. Être vraiment soi-même. L'approche centrée sur la personne*. París: Eyrolles.
- Petitcollin, Christel. 2012. *Savoir écouter, ça s'apprend!* Chêne-Bourg: Jouvence Poche.
- Ramachandran, Vilayanur. 2011. *Le cerveau fait de l'esprit*. París: Dunod.
- Rizzolatti, Giacomo y Corrado Signigaglia. 2011. *Les neurones miroirs*. París: Odile Jacob.
- Rogers, Carl. 2005. *Le développement de la personne*. París: InterÉditions.

en50MINUTOS.es
Historia
Economía y empresa
Coaching